Paolo Leon Vacilotto, Sonja Ebinger, Surya Hengel, Sven Schwarzendrube

Analyse der Internet-Auftritte der Landeshauptstädte in Bezug auf Benutzerfreundlichkeit, Informationsgehalt und ergonomischen Kriterien

GRIN Verlag

Bibliografische Information der Deutschen Nationalbibliothek:

Die Deutsche Bibliothek verzeichnet diese Publikation in der Deutschen National-
bibliografie; detaillierte bibliografische Daten sind im Internet über http://dnb.d-
nb.de/ abrufbar.

Impressum:

Copyright © 2004 GRIN Verlag GmbH
Druck und Bindung: Books on Demand GmbH, Norderstedt Germany
ISBN: 978-3-640-85642-8

Fachhochschule für Ökonomie und Management Essen

Fallstudie II
SS 2004

Analyse der Internet-Auftritte der Landeshauptstädte in Bezug auf Benutzerfreundlichkeit, Informationsgehalt und ergonomischen Kriterien

Vorgelegt von: Surya Hengel

Sonja Ebinger

Sven Schwarzendrube

Paolo Vacilotto

Inhaltsverzeichnis

Abbildungsverzeichnis

Tabellenverzeichnis

1. Einleitung

Städte als öffentliche Einrichtungen verfolgen mit ihrer Öffentlichkeitsarbeit und ihren Verwaltungsdienstleistungen im Allgemeinen die folgenden Ziele:

- Wirtschaftsförderung durch Informationsbereitstellung
- Anwerbung von Investoren
- Tourismusförderung
- Bürgernähe

Auf Grund der aktuellen hohen Verbreitung des Internets stellt der Internetauftritt von öffentlichen Einrichtungen ein wichtiges Instrument zur Erreichung der oben genannten Ziele dar.

Dies wurde auch von der Bundesregierung erkannt, die am 26.06.2003 „Deutschland-Online", eine Strategie für integriertes eGovernment, ins Leben rief. Eine moderne öffentliche Verwaltung soll zum wirtschaftlichen Erfolg Deutschlands beitragen. Eines der Kernziele dieser Strategie ist, den Bürgern und der Wirtschaft Verwaltungsdienstleistungen online zur Verfügung zu stellen.[1]

Um die Ziele, welche die Städte mit ihrem Internetauftritt verfolgen, zu erreichen, muss Akzeptanz bei den jeweiligen Zielgruppen gegeben sein. Diese Akzeptanz wird maßgeblich durch die Benutzerfreundlichkeit, den Informationsgehalt und die Ergonomie des Internetauftrittes bestimmt.

Ziel dieser Arbeit ist die Überprüfung inwieweit diese Akzeptanz bestimmenden Kriterien in den Internetauftritten öffentlicher Einrichtungen berücksichtigt sind. Um eine repräsentative Auswahl zu erhalten, wurden die Internetauftritte der 16 deutschen Landeshauptstädte untersucht.

---

[1] Vgl. http://www.bund.de/deutschlandOnline-.7651.htm, Stand 13.06.2004

1

2. Auswahl der Webseiten

Für die Bewertung kann man die verschiedensten Webseiten als Grundlage verwenden. So können sie nach Themen wie zum Beispiel überregionale Tageszeitungen oder große Auktionshäuser ausgewählt werden.

Die deutschen Landeshauptstädte erscheinen aber als Grundlage für eine Bewertung aus mehreren Gründen als sehr attraktiv. Dies hat mehrere Gründe:

- So sind kaum andere Seiten so miteinander vergleichbar, obwohl die Seiteninhalte und die Seitenlayouts auf keiner einheitlichen Basis gewählt werden. Die Vergleichbarkeit beruht darauf, dass alle Landeshauptstädte das gleiche Ziel verfolgen, nämlich die Information über die jeweilige Stadt anzubieten, und dies für eine breite Masse, so zum Beispiel für Touristen, die diese Stadt besuchen wollen, aber auch für die Einwohner dieser Stadt, die sich über „das Leben" in dieser Stadt und vieles mehr informieren können.

- Als weiterer Beweggrund für die Wahl der Landeshauptstädteseiten ist das bereits erwähnte „breite Publikum" zu nennen. Die Seiten sind so gestaltet, dass sie für „Jedermann" interessant sind der sich für diese Stadt interessiert, so zum Beispiel für Investoren, für Touristen, für die Einwohner oder auch einfach nur für Interessenten an Wirtschaftsdaten oder Politik.

- Da die Seiten über einen sehr großen Informationsumfang verfügen, ist es anhand dieser Seiten leicht möglich eine große Auswahl an Bewertungskriterien, die zu überprüfen sind, auf diese Webseiten anzuwenden. Sie bieten alles von animierten Graphiken bis hin zu Verlinkungen zu weiteren Seiten wie auch einfacher Text.

3. Vorgehensweise

Um die Webseiten zu bewerten, muss man sich die Seiten sehr genau anschauen. Eine Vorgehensweise ist hierbei sich von der Hauptseite auf verschiedene Unterseiten "vorzuklicken". Hat man ein bestimmtes Ziel (eine spezielle Seite oder ein spezielles Thema), was man finden möchte, geht man erst intuitiv vor, und probiert das Ziel zu finden. Ist dies nicht ohne weiteres möglich, weil der Weg nicht eindeutig oder klar genug ist, kann man falls vorhanden eine Suche-Funktion hinzu ziehen. Dort gibt man die Stichwörter ein, die zu dem angestrebten Ziel führen können. Bleibt auch hier die Suche erfolglos, ist die Suche als fehlgeschlagen zu bewerten.

Für viele Bewertungskriterien hat man die Möglichkeit sie über ein „Check-Tool" testen zu lassen. So zum Beispiel über: http://de.webmasterplan.com/.

Diese bietet eine Prüfung einer Webseite in folgenden Punkten an:

- Voreintrags-Check
  Liefert eine Schulnotenbewertung für den Optimierungsgrad bei der Suche der eingegebenen Seite über Suchmaschinen

- Link-Check
  Liefert die Anzahl externer und interner Links sowie die Anzahl der kaputten Links einer eingegeben Seite sowie ihren Unterseiten

- HTML-Check
  Prüft eine Homepage auf HTML-Fehler

- Ladezeit-Check
  Dieser Dienst analysiert alle Seitenelemente einer Homepage auf theoretische Ladezeit der Seite bei den üblichen Internet-Anschlüssen und stellt einen Bericht mit Hinweisen und Vorschlägen zur Optimierung zusammen

- Image-Komprimierung
  Durch Eingabe einer bestimmten Graphik wird ermittelt wie groß diese ist, und wie lange die Ladezeit ist. Zusätzlich werden bis zu 8 Vorschläge zur Optimierung jeweils zum Vergleich mit dem Originalbild gegeben.

4. Gesetze

Für Träger öffentlicher Gewalt existiert eine Verordnung, welche Standards für Internetangebote definiert. Im Folgenden wird ein kurzer Überblick über diese Verordnung – BITV gegeben.

BITV steht für Barrierefreie Informationstechnik-Verordnung. Dies ist eine Verordnung, die aufgrund des am 1. Mai 2002 in Kraft getretenen Bundesbehindertengleichstellungsgesetzes erlassen wurde. Die BITV regelt im Detail, welche Maßnahmen zum Umsetzen eines barrierefreien Internetangebots von öffentlichen Einrichtungen (= Träger öffentlicher Gewalt im Sinne des §7 (1) Satz1 BGB) notwendig sind. Durch die BITV soll es behinderten Menschen (im Sinne des §3 Bundesbehindertengleichstellungsgesetzes) ermöglicht werden, die Informationstechnik uneingeschränkt nutzen zu können.

Nach §1 der BITV erstreckt sich der sachliche Geltungsbereich der BITV auf

1. Internetauftritte und -angebote
2. Internetauftritte und -angebote, die öffentlich zugänglich sind, also nicht die Intranets
3. mittels Informationstechnik realisierte graphische Programmoberflächen (z.B. CD-ROM, DVD o. ä.), die öffentlich zugänglich sind

der Behörden der Bundesverwaltung.

Aus den „Web Content Accessibility Guidelines 1.0" des World Wide Web Consortiums (W3C), welche auch Zugangsrichtlinien für Web-Inhalte beschreibt, wurden die technischen Inhalte für die BITV entnommen.[2]

---

[2] Vgl. http://www.wob11.de/gesetze/bitv.html#erklärung, Stand 05.06.2004

Die technischen Inhalte stellen einzuhaltende Standards dar, die in Prioritäten unterteilt sind. Standards mit der Priorität 1 müssen nach §3 der BITV eingehalten werden, Standards mit der Priorität 2 nur bei zentralen Navigations- und Einstiegsangeboten.

In §4 der BIT-Verordnung sind die Umsetzungsfristen für die Standards bestimmt: Angebote die ganz oder im Wesentlichen neu gestaltet werden, müssen die Verordnung sofort einhalten, alle übrigen Angebote haben eine Frist bis zum 31.12.2005.

Die Einhaltung der BITV wird nach Ablauf der Erfüllungsfrist ständig überprüft, und spätestens nach dem Ablauf von 3 Jahren.

5. Bewertungskriterien[3]

Um eine objektive und rekonstruierbare Bewertung von Webseiten vornehmen zu können, müssen im Vorfeld Bewertungskriterien festgelegt werden. Die Bewertungskriterien sind so ausgewählt, dass alle Bereiche ins Bewertungsschema fallen und eine umfassende Bewertung vorgenommen werden kann. Durch die Festlegung der Kriterien ist somit gewährleistet, dass alle bewerteten Webseiten den gleichen Gesichtspunkten unterzogen wurden und eine subjektive Bewertung ausgeschlossen werden kann.

Die Bewertungskriterien sind so gewählt, dass diese in drei große Hauptgruppen eingeteilt werden können. Diese drei Gruppen sind die Benutzerfreundlichkeit, der Informationsgehalt und die Ergonomie.

5.1 Bewertungsschema

Die Bewertung der einzelnen Internetseiten erfolgt an Hand einer Nutzwertanalyse. Es ist davon auszugehen, dass für die Qualität einer Interseite nicht alle der im vorherigen Kapitel aufgeführten Kriterien gleich bedeutsam sind. Daher werden alle Kriterien mit einem Faktor für die Gewichtung ihrer Bedeutsamkeit versehen. Zusätzlich werden für jedes Kriterium der Grad seiner Erfüllung bestimmt. Aus dem Produkt des Gewichtungsfaktors und dem Erfüllungsgrad ergibt sich die gewichtete Punktzahl für jedes einzelne Kriterium. Grundsätzlich ist davon auszugehen, dass die drei Hauptthemenblöcke Benutzerfreundlichkeit, Informationsgehalt und Ergonomie in ihrer Wichtigkeit als gleichwertig betrachtet werden. Um den Hauptthemenblöcken, die über eine höhere Anzahl an Kriterien als andere verfügen in der Gesamtbetrachtung keine höhere Gewichtung zukommen zu lassen, wird für jeden Hauptthemenblock eine identische maximale Summe der gewichteten Punkte festgelegt. Also ist die maximale gewichtete Summe aller Punktzahlen pro Hauptthemenblock immer gleich.

Durch diese Form der Bewertung lassen sich auf allen Bewertungsebenen Auswertungen erstellen, indem die erreichte Punktzahl mit der maximalen Punktzahl in Relation gesetzt wird. Die nachfolgende Tabelle gibt einen Überblick über die Themenblöcke und ihre Gewichtung.

---

[3] In Anlehnung an http://www.manager-magazin.de/static/methodik_webtest.pdf, Stand 15.04.2004

Hauptthemenblock	Unterthemenblock	Maximale gewichtete Summe	Anzahl Kriterien
Benutzer-	Suche und Aufbau der Webseite	300	10
freundlichkeit	Gestaltung der Webseite	300	11
	Interaktivitätsmöglichkeiten der Webpräsenz	400	15
Summe		**1000**	**36**
Informationsgehalt	Allgemeine Bereiche	200	8
	Bereich Stadt und Staat	160	8
	Bereich Wirtschaft und Arbeit	160	8
	Bereich Leben und Wohnen	160	6
	Bereich Kultur und Freizeit	160	8
	Bereich Tourismus	160	8
Summe		**1000**	**46**
Ergonomie	Homogenität	350	8
	Navigation	650	19
Summe		**1000**	**27**

Tabelle 5-1: Themenblöcke und ihre Gewichtung

5.2 Ermittlung des Erfüllungsgrades

Der Erfüllungsgrad eines Kriteriums lässt sich in drei Kategorien bestimmen:

- Ja / Nein Kategorie: Kriterien, die dieser Kategorie zugeordnet sind, verfügen über zwei Zustände, entweder 100% Erfüllungsgrad oder 0% Erfüllungsgrad.

- 3-stufige Kategorie: Diese Kategorie ist eine Erweiterung der zweiten Kategorie um einen zusätzlichen Abstufungspunk. Ein Kriterium ist entweder ganz, gar nicht oder nur teilweise erfüllt.

- 5-stufige Kategorie: In der 5-stufigen Kategorie ist es möglich den Erfüllungsgrad eines Kriterium feiner einzuteilen ohne dabei eine rein subjektive Betrachtung auszulösen. Bei einem prozentualen Erfüllungsgrad lässt sich die Einstufung in 20%-Schritten vornehmen.

Kriterien deren Bewertung nicht durchgeführt werden kann, erhalten einen Erfüllungsgrad von 0%.

Um eine allgemeine Analyse des Erfüllungsgrades zu gewährleisten, werden den einzelnen Stufen der Kategorien Punkte von 1-5 zugewiesen. Hieraus ergibt sich das folgende Punkteschema:

Kategorie	Punkteschema	
Ja / Nein	Ja	5 Punkte
	Nein	1 Punkt
3-stufig	Kriterium voll erfüllt	5 Punkte
	Kriterium teilweise oder mit Mängeln erfüllt	3 Punkte
	Kriterium nicht erfüllt	1 Punkt
5-stufig	Kriterium voll erfüllt oder 80%-100%	5 Punkte
	Kriterium im Wesentlichen erfüllt oder 60%-80%	4 Punkte
	Kriterium teilweise erfüllt oder 40%-60%	3 Punkte
	Kriterium wenig erfüllt oder 20%-40%	2 Punkte
	Kriterium nicht erfüllt oder 0%-20%	1 Punkt

Tabelle 5-2: Punkteschema

Eine detaillierte Zuordnung des Punkteschemas zu den einzelnen Kriterien ist dem nachfolgenden Kapitel zu entnehmen.

5.3 Kriterien zur Bewertung der Benutzerfreundlichkeit

In dieser Hauptgruppe werden Aspekte bewertet, welche auf die Benutzerfreundlichkeit der Webseite zurückzuführen sind. Die Benutzer sind der Personenkreis im Internet welcher die größte Bedeutung für eine Internetpräsenz haben sollte. Im Besonderen bei öffentlichen Webseiten steht hier das schnelle Auffinden von Informationen wie auch die selbsterklärende Darstellung und Bedienung der Webseite an erster Stelle. Benutzerfreundlichkeit bündelt die wichtigsten Kriterien der Bewertung, da hier die Akzeptanz der Webseite sehr stark steigen wie aber auch sinken kann.

5.3.1 Kriterienauswahl

Die Kriterienauswahl erfolgte auf Basis der heute im Internet eingesetzten Werkzeuge und Möglichkeiten zur Erstellung einer Webseite. Die Kriterien wurden in der Auflistung wiederum in drei Hauptgruppen unterteilt. Die folgenden Hauptgruppen wurden differenziert:

- Suche und Aufbau der Webseite
- Gestaltung der Webseite
- Interaktivitätsmöglichkeiten der Webpräsenz

Um eine möglichst objektive Bewertung der Webseiten sicherzustellen wurde eine möglichst breitbandige Auswahl an Kriterien zusammengestellt. Dies stellt sicher das nicht besondere stärken der Webseite in den Vordergrund geraten und die Ergebnisse verfälschen.

8

5.3.2 Auflistung und Gewichtung der Kriterien

Nach den folgenden Kriterien wurden die Bewertungen der Webseiten durchgeführt.

5.3.2.1 Suche und Aufbau der Webseite

Kriterium	Gewichtung	Erfüllungsgrad	Beschreibung	
Befindet sich die Seite in den ersten 20 Treffern bei der Suche nach Hauptstädten?	10	Ja / Nein	Ja Nein	5 Pkt. 1 Pkt.
Befindet sich die Hauptseite in den ersten 10 Treffern der Suchmaschine bei Eingabe des Stadtnamens?	7	Ja / Nein	Ja Nein	5 Pkt. 1 Pkt.
Erscheint die Hauptseite bei Eingabe von www.stadtname.de?	7	Ja / Nein	Ja Nein	5 Pkt. 1 Pkt.
Erscheint direkt die Hauptseite oder eine Auswahlseite?	6	Ja / Nein	Ja Nein	5 Pkt. 1 Pkt.
Wir schnell baut sich die Hauptseite mit einer analog 56K-Verbindung auf?	5	5-stufig	Ladezeit x in Sekunden: x < 3 3 <= x < 10 10 <= x < 20 20 <= x < 60 x >= 60	5 Pkt. 4 Pkt. 3 Pkt. 2 Pkt. 1 Pkt.
Wie schnell baut sich die Hauptseite mit einer ISDN-Verbindung auf?	5	5-stufig	Ladezeit x in Sekunden: x < 3 3 <= x < 5 5 <= x < 10 10 <= x < 30 x >= 30	5 Pkt. 4 Pkt. 3 Pkt. 2 Pkt. 1 Pkt.
Wie schnell baut sich die Hauptseite mit einer DSL-Verbindung auf?	5	5-stufig	Ladezeit x in Sekunden: x < 3 3 <= x < 5 5 <= x < 10 10 <= x < 30 x >= 30	5 Pkt. 4 Pkt. 3 Pkt. 2 Pkt. 1 Pkt.
Wie schnell ist die Navigation innerhalb des Seitenbereiches?	5	5-stufig	Ladezeit x in Sekunden: x < 2 2 <= x < 4 4 <= x < 6 6 <= x < 10 x >= 10	5 Pkt. 4 Pkt. 3 Pkt. 2 Pkt. 1 Pkt.

Kriterium	Gewichtung	Erfüllungsgrad	Beschreibung
Wie viele Grafiken werden direkt geladen?	5	5-stufig	Anteil x in Prozent: x <=20 5 Pkt. 20 < x <= 40 4 Pkt. 40 < x <= 60 3 Pkt. 60 < x <= 80 2 Pkt. 80 < x <= 100 1 Pkt.
Wie viele Werbebanner werden geladen?	5	5-stufig	Anzahl x: x=0 5 Pkt. 0 < x <= 1 4 Pkt. 1 < x <= 2 3 Pkt. 2 < x <= 3 2 Pkt. 2 < x <= 3 1 Pkt.

Tabelle 5-3: Punkteverteilung für Suche und Aufbau der Webseiten

5.3.2.2 Gestaltung der Webseite

Kriterium	Gewichtung	Erfüllungsgrad	Beschreibung
Ist das Informationsangebot deutlich vom Navigationsbereich getrennt?	7	3-stufig	Ja immer 5 Pkt. Teilweise 3 Pkt. Nie 1 Pkt.
Ist der Kontrast zwischen den Navigationstext-elementen und dem Seitenhintergrund deutlich?	5	3-stufig	Ja immer 5 Pkt. Teilweise 3 Pkt. Nie 1 Pkt.
Ist der Kontrast zwischen Textkörper und dem Seitenhintergrund deutlich?	5	3-stufig	Ja immer 5 Pkt. Teilweise 3 Pkt. Nie 1 Pkt.
Sind bei Grafiken Größe oder Ausschnitte veränderbar?	4	3-stufig	Ja immer 5 Pkt. Teilweise 3 Pkt. Nie 1 Pkt.
Sind die Navigationselemente deutlich lesbar?	8	3-stufig	Ja immer 5 Pkt. Teilweise 3 Pkt. Nie 1 Pkt.
Wie ist das Verhältnis von Text zu Bildern/ Animationen?	3	3-stufig	Ca. 1:1 Verteilung 5 Pkt. Starkes Übergewicht von Text oder Bild / Animation 3 Pkt. 100% Text oder 100% Bild / Animation 1 Pkt.
Wie ist der Textkörper strukturiert, z.B. durch Zwischenzeilen oder Aufzählungszeichen?	5	3-stufig	Klare Strukturierung erkennbar 5 Pkt. Teilweise 3 Pkt. Gar nicht 1 Pkt.

Kriterium	Gewichtung	Erfüllungsgrad	Beschreibung	
Wie ist die (technische) Qualität der Darstellung von Fotos/Grafiken/Bildern?	5	3-stufig	Saubere Darstellung Teilweise unscharf Alles unscharf	5 Pkt. 3 Pkt. 1Pkt.
Wie ist die Größe des Textkörpers im Verhältnis zum Inhaltsfeld der Internetseite?	4	3-stufig	Ausgeglichen Teilweise ausgeglichen Unausgeglichen	5 Pkt. 3 Pkt. 1 Pkt.
Wird die Zusammengehörigkeit von Themenkomplexen visualisiert z.B. durch eine Farbcodierung?	5	3-stufig	Ja immer Teilweise Nie	5 Pkt. 3 Pkt. 1 Pkt.
Wird eine deutlich lesbare Schriftart bei Textkörper/Navigation verwendet?	9	3-stufig	Ja immer Teilweise Nie	5 Pkt. 3 Pkt. 1 Pkt.

Tabelle 5-4: Punkteverteilung für die Gestaltung der Webseiten

5.3.2.3 Interaktivitätsmöglichkeiten der Webpräsenz

Kriterium	Gewichtung	Erfüllungsgrad	Beschreibung	
Besteht die Möglichkeit der Kontaktaufnahme via e-Mail?	6	Ja / Nein	Ja Nein	5 Pkt. 1 Pkt.
Ist eine Kontaktadresse angegeben?	6	Ja / Nein	Ja Nein	5 Pkt. 1 Pkt.
Ist das Anwählen eines sicheren Übertragungsmodus möglich?	7	Ja / Nein	Ja Nein	5 Pkt. 1 Pkt.
Ist ein Gästebuch vorhanden?	4	Ja / Nein	Ja Nein	5 Pkt. 1 Pkt.
Ist ein Link zum Download benötigter Software vorhanden?	6	Ja / Nein	Ja Nein	5 Pkt. 1 Pkt.
Ist ein Navigationselement »Suche« vorhanden?	10	Ja / Nein	Ja Nein	5 Pkt. 1 Pkt.
Ist ein Online-Fragebogen vorhanden?	3	Ja / Nein	Ja Nein	5 Pkt. 1 Pkt.
Ist eine Bestellung von Informationsmaterial möglich?	6	3-stufig	Ja unbegrenzt Begrenzt Nein	5 Pkt. 3 Pkt. 1 Pkt.
Kann man eine Mailing-Liste abonnieren?	4	Ja / Nein	Ja Nein	5 Pkt. 1 Pkt.
Kann man einen Newsletter abonnieren?	4	Ja / Nein	Ja Nein	5 Pkt. 1 Pkt.
Kann man Listen, Formulare, Texte, etc. downloaden?	5	3-stufig	Ja unbegrenzt Begrenzt Nein	5 Pkt. 3 Pkt. 1 Pkt.

11

Kriterium	Gewichtung	Erfüllungsgrad	Beschreibung	
Kann man sich online zu Veranstaltungen anmelden?	5	3-stufig	Ja unbegrenzt Begrenzt Nein	5 Pkt. 3 Pkt. 1 Pkt.
Kann man sich zur Nutzung spezifischer Inhalte registrieren lassen?	5	Ja / Nein	Ja Nein	5 Pkt. 1 Pkt.
Kann man Software, Tools etc. downloaden?	4	3-stufig	Ja unbegrenzt Begrenzt Nein	5 Pkt. 3 Pkt. 1 Pkt.
Steht ein Link zu einem Adressenverzeichnis/einem Kontaktformular zur Verfügung?	5	Ja / Nein	Ja Nein	5 Pkt. 1 Pkt.

Tabelle 5-5: Punkteverteilung für Interaktivitätsmöglichkeiten der Webseiten

5.4 Kriterien zur Bewertung des Informationsgehaltes

Diese Hauptgruppe beschäftigt sich mit dem Informationsgehalt der Webseiten. Informationsgehalt ist zum einen der Inhalt der Webseiten, wie auch der Inhalt welcher durch referenzierte Seiten hervorgeht. Im Bereich der öffentlichen Webseiten ist der Anspruch an den Informationsgehalt sehr hoch, da an dieser Stelle die Stadt oder das Bundesland präsentiert wird.

5.4.1 Kriterienauswahl

Die Kriterienauswahl des Gebietes Informationsgehalt der Webseiten wurde über die komplette Bandbreite der Internetpräsenz ausgelegt. Die Kriterien sind so gewählt, dass eine Bewertung hinsichtlich des ersten Besuches eines Anwenders gemacht werden kann. Hier sind insbesondere die Inhalte betrachtet, welche nicht regionaltypisch sind, da diese in die Bewertung subjektiv beeinflussen könnten.

5.4.2 Auflistung und Gewichtung der Kriterien

Nach den folgenden Kriterien wurden die Bewertungen der Webseiten durchgeführt.

5.4.2.1 Allgemeine Bereiche

Kriterium	Gewichtung	Erfüllungsgrad	Beschreibung	
Sind aktuelle Themen auf der Homepage kurz genannt?	9	3-stufig	Tagesaktuell Wochen- aktuell Als veraltet erkennbar	5 Pkt. 3 Pkt. 1 Pkt.
Gibt die Hauptseite eine Aussage über den Inhalt der Webpräsenz?	5	3-stufig	Ja Teilweise Nein	5 Pkt. 3 Pkt. 1 Pkt.

Kriterium	Gewichtung	Erfüllungsgrad	Beschreibung	
Sind Besucherinformationen von den Informationen für Einwohner getrennt?	5	Ja / Nein	Ja Nein	5 Pkt. 1 Pkt.
Ist das Städtelogo auf der Seite zu sehen?	3	Ja / Nein	Ja Nein	5 Pkt. 1 Pkt.
Existieren Links zu Behörden?	5	3-stufig	Ja Vereinzelt Nein	5 Pkt. 3 Pkt. 1 Pkt.
Gibt es einen Hinweis auf BITV?	5	Ja / Nein	Ja Nein	5 Pkt. 1 Pkt.
Gibt es einen Hinweis auf den Fortschritt von BITV?	3	Ja / Nein	Ja Nein	5 Pkt. 1 Pkt.
Wie hoch ist generell der informative Textanteil der Webseiten?	5	5-stufig	Anteil x in Prozent: 80 < x <= 100 60 < x <= 80 40 < x <= 60 20 < x <= 40 x <=20	5 Pkt. 4 Pkt. 3 Pkt. 2 Pkt. 1 Pkt.

Tabelle 5-6: Punkteverteilung für Allgemeine Bereiche

5.4.2.2 Bereich Stadt und Staat

Kriterium	Gewichtung	Erfüllungsgrad	Beschreibung	
Gibt es einen Bereich der öffentlichen Verwaltung?	6	3-stufig	Ja Ja mit Mängeln Nein	5 Pkt. 3 Pkt. 1 Pkt.
Gibt es Informationen zu Bürgerschaft und Senat?	3	3-stufig	Ja Ja mit Mängeln Nein	5 Pkt. 3 Pkt. 1 Pkt.
Sind Informationen zu Behörden vorhanden?	3	3-stufig	Ja Ja mit Mängeln Nein	5 Pkt. 3 Pkt. 1 Pkt.
Gibt es Informationen zur Justizverwaltung?	3	3-stufig	Ja Ja mit Mängeln Nein	5 Pkt. 3 Pkt. 1 Pkt.
Gibt es Informationen zur Stadtwachstum?	3	3-stufig	Ja Ja mit Mängeln Nein	5 Pkt. 3 Pkt. 1 Pkt.
Gibt es Informationen zur geografischen Lage?	7	3-stufig	Ja Ja mit Mängeln Nein	5 Pkt. 3 Pkt. 1 Pkt.

Kriterium	Gewichtung	Erfüllungsgrad	Beschreibung	
Sind Informationen zur Bevölkerungsdichte vorhanden?	5	3-stufig	Ja Ja mit Mängeln Nein	5 Pkt. 3 Pkt. 1 Pkt.
Sind Informationen zur Wetterlage vorhanden?	2	3-stufig	Ja Ja mit Mängeln Nein	5 Pkt. 3 Pkt. 1 Pkt.

Tabelle 5-7: Punkteverteilung für die Bereiche Stadt und Staat

5.4.2.3 Bereich Wirtschaft und Arbeit

Kriterium	Gewichtung	Erfüllungsgrad	Beschreibung	
Sind Informationen über die Finanzlage der Stadt vorhanden?	4	3-stufig	Ja Ja mit Mängeln Nein	5 Pkt. 3 Pkt. 1 Pkt.
Sind Informationen über die Finanzlage der Region vorhanden?	3	3-stufig	Ja Ja mit Mängeln Nein	5 Pkt. 3 Pkt. 1 Pkt.
Sind aktuelle Themen der Wirtschaft erörtert?	3	3-stufig	Ja Ja mit Mängeln Nein	5 Pkt. 3 Pkt. 1 Pkt.
Sind Informationen über Wirtschaftsförderung vorhanden?	3	3-stufig	Ja Ja mit Mängeln Nein	5 Pkt. 3 Pkt. 1 Pkt.
Sind Informationen über wissenschaftliche Themen vorhanden?	4	3-stufig	Ja Ja mit Mängeln Nein	5 Pkt. 3 Pkt. 1 Pkt.
Sind Informationen über Bildungsangebot vorhanden?	5	3-stufig	Ja Ja mit Mängeln Nein	5 Pkt. 3 Pkt. 1 Pkt.
Sind aktuelle Informationen über den Arbeitsmarkt vorhanden?	5	3-stufig	Ja Ja mit Mängeln Nein	5 Pkt. 3 Pkt. 1 Pkt.
Gibt es Informationen zum Stellenmarkt im städtischen Bereich?	5	3-stufig	Ja Ja mit Mängeln Nein	5 Pkt. 3 Pkt. 1 Pkt.

Tabelle 5-8: Punkteverteilung für die Bereiche Wirtschaft und Arbeit

5.4.2.4 Bereich Leben und Wohnen

Kriterium	Gewichtung	Erfüllungsgrad	Beschreibung	
Sind Informationen über Einkaufsbereiche und Infrastrukturen vorhanden?	6	3-stufig	Ja Ja mit Mängeln Nein	5 Pkt. 3 Pkt. 1 Pkt.
Gibt es Informationen zu Immobilien und Wohnungsangeboten?	6	3-stufig	Ja Ja mit Mängeln Nein	5 Pkt. 3 Pkt. 1 Pkt.
Gibt es Informationen zu Grundstücksangelegenheiten?	6	3-stufig	Ja Ja mit Mängeln Nein	5 Pkt. 3 Pkt. 1 Pkt.
Sind Informationen zu besonderen regionalen Vergünstigungen vorhanden?	4	3-stufig	Ja Ja mit Mängeln Nein	5 Pkt. 3 Pkt. 1 Pkt.
Sind Informationen zu Friedhöfen und Gedenkstädten vorhanden?	4	3-stufig	Ja Ja mit Mängeln Nein	5 Pkt. 3 Pkt. 1 Pkt.
Sind Informationen zu Stadtreinigung und städtischen Diensten vorhanden?	6	3-stufig	Ja Ja mit Mängeln Nein	5 Pkt. 3 Pkt. 1 Pkt.

Tabelle 5-9: Punkteverteilung für die Bereiche Leben und Wohnen

5.4.2.5 Bereich Kultur und Freizeit

Kriterium	Gewichtung	Erfüllungsgrad	Beschreibung	
Gibt es Informationen zu Kulturstätten?	4	3-stufig	Ja Ja mit Mängeln Nein	5 Pkt. 3 Pkt. 1 Pkt.
Gibt es Informationen zu Kulturveranstaltungen?	4	3-stufig	Ja Ja mit Mängeln Nein	5 Pkt. 3 Pkt. 1 Pkt.
Gibt es eine Übersicht der Restaurants?	4	3-stufig	Ja Ja mit Mängeln Nein	5 Pkt. 3 Pkt. 1 Pkt.
Sind Informationen zu Freizeitangeboten vorhanden?	4	3-stufig	Ja Ja mit Mängeln Nein	5 Pkt. 3 Pkt. 1 Pkt.
Gibt es Informationen zu regionalen Sportvereinen?	4	3-stufig	Ja Ja mit Mängeln Nein	5 Pkt. 3 Pkt. 1 Pkt.

Kriterium	Gewichtung	Erfüllungsgrad	Beschreibung	
Sind Verzeichnisse von Hotels und Pensionen vorhanden?	4	3-stufig	Ja Ja mit Mängeln Nein	5 Pkt. 3 Pkt. 1 Pkt.
Gibt es Informationen zu Parks und Erholungsgebieten?	4	3-stufig	Ja Ja mit Mängeln Nein	5 Pkt. 3 Pkt. 1 Pkt.
Gibt es eine Zusammenfassung der Highlights der Region?	4	3-stufig	Ja Ja mit Mängeln Nein	5 Pkt. 3 Pkt. 1 Pkt.

Tabelle 5-10: Punkteverteilung für die Bereiche Kultur und Freizeit

5.4.2.6 Bereich Tourismus

Kriterium	Gewichtung	Erfüllungsgrad	Beschreibung	
Gibt es eine separate Rubrik Tourismus?	5	Ja / Nein	Ja Nein	5 Pkt. 1 Pkt.
Sind Informationen zum Tourismusverband vorhanden?	2	3-stufig	Ja Ja mit Mängeln Nein	5 Pkt. 3 Pkt. 1 Pkt.
Gibt es Informationen zu Stadtrundfahrten?	2	3-stufig	Ja Ja mit Mängeln Nein	5 Pkt. 3 Pkt. 1 Pkt.
Sind Informationen zu Städtetouren vorhanden?	2	3-stufig	Ja Ja mit Mängeln Nein	5 Pkt. 3 Pkt. 1 Pkt.
Gibt es Informationen zu Informationspunkten in der Stadt?	3	3-stufig	Ja Ja mit Mängeln Nein	5 Pkt. 3 Pkt. 1 Pkt.
Gibt es Informationen zu regionalen Flughäfen?	6	3-stufig	Ja Ja mit Mängeln Nein	5 Pkt. 3 Pkt. 1 Pkt.
Sind Informationen zu regionalen Bahnhöfen geführt?	6	3-stufig	Ja Ja mit Mängeln Nein	5 Pkt. 3 Pkt. 1 Pkt.
Sind Fahrpläne der öffentlichen Verkehrsmittel hinterlegt?	6	3-stufig	Ja Ja mit Mängeln Nein	5 Pkt. 3 Pkt. 1 Pkt.

Tabelle 5-11: Punkteverteilung für die Bereich Tourismus

5.5 Kriterien zur Bewertung der Ergonomie

Diese Gruppe beschäftigt sich mit der Ergonomie der Webseiten.

5.5.1 Kriterienauswahl

Die Kriterienauswahl wurde so getroffen, dass die grundsätzlichen Aspekte des Aufbaus von Webseiten Sorge getragen wurden. Insbesondere wurden die Kriterien auf die Navigation und die Anpassbarkeit der Webseiten an den Benutzer ausgewählt.

5.5.2 Auflistung und Gewichtung der Kriterien

Nach den folgenden Kriterien wurden die Bewertungen der Webseiten durchgeführt.

5.5.2.1 Homogenität

Kriterium	Gewichtung	Erfüllungsgrad	Beschreibung	
Erfolgt der Seitenaufruf durchgehend in einem gleichen oder neuen Fenster?	7	Ja / Nein	Gleiches Fenster Neues Fenster	5 Pkt. 1 Pkt.
Gelangt der Nutzer durch einen Klick auf das dynamische Logo zurück auf die Startseite?	7	Ja / Nein	Ja Nein	5 Pkt. 1 Pkt.
Sind die Bereiche für Navigation und Darstellung des Inhalts auf allen Seiten einheitlich getrennt?	10	3-stufig	Ja Teilweise Nein	5 Pkt. 3 Pkt. 1 Pkt.
Sind die Navigationselemente generell an der gleichen Stelle positioniert?	10	Ja / Nein	Ja Nein	5 Pkt. 1 Pkt.
Steht das Städtelogo generell an der gleichen Position?	6	Ja / Nein	Ja Nein	5 Pkt. 1 Pkt.
Wird die Zusammengehörigkeit von Themenkomplexen auf allen Seiten einheitlich visualisiert?	10	5-stufig	Anteil x in Prozent: 80 < x <= 100 60 < x <= 80 40 < x <= 60 20 < x <= 40 x <=20	5 Pkt. 4 Pkt. 3 Pkt. 2 Pkt. 1 Pkt.
Werden die Grafiken/Bilder durchgehend durch erklärende Hintergrundtexte beschrieben?	10	5-stufig	Anteil x in Prozent: 80 < x <= 100 60 < x <= 80 40 < x <= 60 20 < x <= 40 x <=20	5 Pkt. 4 Pkt. 3 Pkt. 2 Pkt. 1 Pkt.
Werden auf allen Seiten die gleichen Navigationselemente angeboten?	10	Ja / Nein	Ja Nein	5 Pkt. 1 Pkt.

Tabelle 5-12: Punkteverteilung für die Homogenität

5.5.2.2 Navigation

Kriterium	Gewichtung	Erfüllungsgrad	Beschreibung	
Bleibt der Navigationsbereich immer verfügbar und sichtbar?	10	Ja / Nein	Ja Nein	5 Pkt. 1 Pkt.
Erfolgt eine Visualisierung der aktuellen Position des Benutzers im Angebot, z.B. durch eine Pfadangabe?	10	Ja / Nein	Ja Nein	5 Pkt. 1 Pkt.
Gelangt der Nutzer durch einen Klick auf das dynamische Logo zurück auf die Startseite?	7	Ja / Nein	Ja Nein	5 Pkt. 1 Pkt.
Ist das Städtelogo auf der Seite zu sehen?	4	Ja / Nein	Ja Nein	5 Pkt. 1 Pkt.
Ist das Navigationselement "home" vorhanden?	7	Ja / Nein	Ja Nein	5 Pkt. 1 Pkt.
Ist das Navigationselement "sitemap" vorhanden?	7	Ja / Nein	Ja Nein	5 Pkt. 1 Pkt.
Ist ein Navigationselement "Suche" vorhanden?	7	Ja / Nein	Ja Nein	5 Pkt. 1 Pkt.
Sind bestimmte Seiten, die zum selben Thema gehören, direkt ansteuerbar und mit Inhaltsangaben versehen?	8	3-stufig	Ja Teilweise Nein	5 Pkt. 3 Pkt. 1 Pkt.
Sind die Bereiche für Navigation und Darstellung des Inhalts getrennt?	7	Ja / Nein	Ja Nein	5 Pkt. 1 Pkt.
Sind die Navigationselemente generell an der gleichen Stelle positioniert?	6	Ja / Nein	Ja Nein	5 Pkt. 1 Pkt.
Sind die Navigationselemente selbsterklärend oder sind sie schwierig zu identifizieren?	9	3-stufig	Ja Teilweise schwierig Nein	5 Pkt. 3 Pkt. 1 Pkt.
Sind Links eindeutig als solche zu identifizieren z.B. durch einheitliche Farbgebung und Unterstreichung?	7	Ja / Nein	Ja Nein	5 Pkt. 1 Pkt.
Sind Navigationselemente sowohl durch Texte wie auch durch Grafiken gekennzeichnet?	6	3-stufig	Ja Teilweise Nein	5 Pkt. 3 Pkt. 1 Pkt.
Werden unterschiedlich anspruchsvolle Darstellungsmodi angeboten?	7	Ja / Nein	Ja Nein	5 Pkt. 1 Pkt.

Kriterium	Gewichtung	Erfüllungsgrad	Beschreibung	
Wie schwierig ist es, mit dem Mauszeiger die Links zu treffen?	10	3-stufig	Leicht Schwierig Fast unmöglich	5 Pkt. 3 Pkt. 1 Pkt.
Wird der Textkörper aufgewertet z.b. durch Sprungmarken oder Hyperlinks?	6	3-stufig	Ja Teilweise Nein	5 Pkt. 3 Pkt. 1 Pkt.
Wird die Zusammengehörigkeit von Themenkomplexen visualisiert z.B. durch Farbcodierung?	7	3-stufig	Ja Teilweise Nein	5 Pkt. 3 Pkt. 1 Pkt.
Wird eine »guided tour« angeboten?	5	Ja / Nein	Ja Nein	5 Pkt. 1 Pkt.

Tabelle 5-13: Punkteverteilung für die Navigation

6. Bewertung

6.1 Bewertung der Benutzerfreundlichkeit

6.1.1 Suche und Aufbau der Webseiten

Kriterium	Berlin	Bremen	Erfurt	Dresden	Düsseldorf	Hamburg	Hannover	Kiel	Magdeburg	Mainz	München	Potsdam	Saarbrücken	Schwerin	Stuttgart	Wiesbaden
Befindet sich die Seite in den ersten 20 Treffen bei der Suche nach Hauptstädten?	50	50	50	50	50	50	50	50	50	50	50	50	50	50	50	50
Befindet sich die Hauptseite in den ersten 10 Treffern der Suchmaschine bei Eingabe des Stadtnamens?	35	35	35	35	35	35	35	35	35	35	35	35	35	35	35	35
Erscheint die Hauptseite bei Eingabe von www.stadtname.de?	35	35	35	35	35	35	35	35	35	35	35	35	35	35	35	35
Erscheint direkt die Hauptseite oder eine Auswahlseite?	30	30	30	30	30	30	30	30	30	30	30	30	30	30	30	30
Wir schnell baut sich die Hauptseite mit einer analog 56K-Verbindung auf?	15	20	15	20	15	10	10	10	20	20	10	20	10	10	10	10
Wie schnell baut sich die Hauptseite mit einer ISDN-Verbindung auf?	15	20	15	20	15	10	10	10	25	25	20	15	15	15	15	15
Wie schnell baut sich die Hauptseite mit einer DSL-Verbindung auf?	20	25	20	15	15	10	10	10	25	25	15	20	20	20	20	20

Kriterium	Berlin	Bremen	Erfurt	Dresden	Düsseldorf	Hamburg	Hannover	Kiel	Magdeburg	Mainz	München	Potsdam	Saarbrücken	Schwerin	Stuttgart	Wiesbaden
Wie schnell ist die Navigation innerhalb des Seitenbereiches?	20	15	25	20	25	20	20	20	25	25	15	20	10	10	15	10
Wie viele Grafiken werden direkt geladen?	20	25	25	20	15	15	15	15	5	5	5	5	25	25	25	25
Wie viele Werbebanner werden geladen?	15	25	25	25	20	20	20	25	25	25	25	25	25	25	25	25
Summe	**255**	**280**	**275**	**270**	**255**	**235**	**235**	**240**	**275**	**275**	**235**	**260**	**255**	**255**	**260**	**255**

Tabelle 6-1: Punkte für die Suche und den Aufbau

6.1.2 Gestaltung der Webseiten

Kriterium	Berlin	Bremen	Erfurt	Dresden	Düsseldorf	Hamburg	Hannover	Kiel	Magdeburg	Mainz	München	Potsdam	Saarbrücken	Schwerin	Stuttgart	Wiesbaden
Ist das Informationsangebot deutlich vom Navigationsbereich getrennt?	35	35	35	35	35	35	35	35	35	35	21	35	35	35	35	35
Ist der Kontrast zwischen den Navigationstextelementen und dem Seitenhintergrund deutlich?	15	15	5	15	25	25	15	15	15	25	25	25	25	25	25	25
Ist der Kontrast zwischen Textkörper und dem Seitenhintergrund deutlich?	15	15	5	15	25	25	25	15	15	25	25	25	25	25	25	25
Sind bei Grafiken Größe oder Ausschnitte veränderbar?	4	4	12	12	12	12	12	12	4	4	4	4	4	4	4	4
Sind die Navigationselemente deutlich lesbar?	40	24	24	40	24	40	24	24	24	40	24	40	40	40	40	40
Wie ist das Verhältnis von Text zu Bildern / Animationen?	9	9	9	15	15	15	15	15	9	15	9	15	15	15	15	15

Kriterium	Berlin	Bremen	Erfurt	Dresden	Düsseldorf	Hamburg	Hannover	Kiel	Magdeburg	Mainz	München	Potsdam	Saarbrücken	Schwerin	Stuttgart	Wiesbaden
Wie ist der Textkörper strukturiert, z.B. durch Zwischenzeilen oder Aufzählungszeichen?	25	25	15	15	15	15	25	25	15	25	15	15	25	25	25	25
Wie ist die (technische) Qualität der Darstellung von Fotos / Grafiken / Bildem?	25	15	25	25	15	25	25	25	15	25	25	25	25	25	25	25
Wie ist die Größe des Textkörpers im Verhältnis zum Inhaltsfeld der Internetseite?	20	20	12	20	12	20	12	20	12	20	4	20	20	20	20	20
Wird die Zusammengehörigkeit von Themenkomplexen visualisiert z.B. durch eine Farbcodierung?	25	5	5	15	25	15	5	15	5	25	25	5	25	25	25	25
Wird eine deutlich lesbare Schriftart bei Textkörper/Navi gation verwendet?	45	27	45	45	45	45	45	45	9	45	45	45	45	45	45	45
Summe	258	194	192	252	248	272	238	246	158	284	222	254	274	284	284	284

Tabelle 6-2: Punkte für die Gestaltung

6.1.3 Interaktivitätsmöglichkeiten der Webpräsenz

Kriterium	Berlin	Bremen	Erfurt	Dresden	Düsseldorf	Hamburg	Hannover	Kiel	Magdeburg	Mainz	München	Potsdam	Saarbrücken	Schwerin	Stuttgart	Wiesbaden
Besteht die Möglichkeit der Kontaktaufnahme via e-Mail?	30	30	30	30	30	30	30	30	30	30	30	30	6	6	6	6
Ist eine Kontaktadresse angegeben?	30	30	30	30	30	30	30	30	30	30	30	30	6	6	6	6
Ist das Anwählen eines sicheren Übertragungsmodus möglich?	7	7	7	7	7	7	7	7	7	7	7	7	7	7	7	7
Ist ein Gästebuch vorhanden?	4	4	4	4	20	4	20	4	20	20	4	4	4	20	4	20

Kriterium	Berlin	Bremen	Erfurt	Dresden	Düsseldorf	Hamburg	Hannover	Kiel	Magdeburg	Mainz	München	Potsdam	Saarbrücken	Schwerin	Stuttgart	Wiesbaden
Ist ein Link zum Download benötigter Software vorhanden?	30	6	6	6	6	6	6	6	30	6	6	30	6	6	6	6
Ist ein Navigationselement »Suche« vorhanden?	50	50	50	50	50	50	50	50	50	50	50	50	50	50	50	50
Ist ein Online-Fragebogen vorhanden?	3	3	3	3	3	3	3	3	3	15	15	3	3	3	3	3
Ist eine Bestellung von Informationsmaterial möglich?	30	30	30	18	18	18	30	18	18	18	18	18	18	30	6	30
Kann man eine Mailing-Liste abonnieren?	4	4	4	4	4	4	4	4	4	4	4	4	4	4	4	4
Kann man einen Newsletter abonnieren?	20	4	4	4	4	4	4	4	4	20	4	4	4	4	4	20
Kann man Listen, Formulare, Texte, etc. downloaden?	25	25	15	25	25	15	25	15	15	15	25	15	5	25	25	25
Kann man sich online zu Veranstaltungen anmelden?	25	5	5	5	15	5	5	5	15	15	25	15	5	25	5	25
Kann man sich zur Nutzung spezifischer Inhalte registrieren lassen?	5	5	5	5	5	5	5	5	5	5	5	5	5	5	5	5
Kann man Software, Tools etc. downloaden?	20	4	4	4	4	4	4	4	12	4	4	12	4	4	4	4
Steht ein Link zu einem Adressenverzeichnis / einem Kontaktformular zur Verfügung?	25	25	25	5	5	5	5	5	5	25	25	5	5	5	5	5
Summe	308	232	222	200	226	190	228	190	248	274	252	232	132	200	140	216

Tabelle 6-3: Punkte für die Interaktivitätsmöglichkeiten

6.2 Bewertung des Informationsgehaltes

6.2.1 Allgemeine Bereiche

Kriterium	Berlin	Bremen	Erfurt	Dresden	Düsseldorf	Hamburg	Hannover	Kiel	Magdeburg	Mainz	München	Potsdam	Saarbrücken	Schwerin	Stuttgart	Wiesbaden
Sind aktuelle Themen auf der Homepage kurz genannt?	45	45	27	45	45	45	45	45	9	27	45	27	45	45	45	45
Gibt die Hauptseite eine Aussage über den Inhalt der Webpräsenz?	25	15	15	15	15	15	25	15	15	25	25	25	25	15	15	15
Sind Besucherinformationen von den Informationen für Einwohner getrennt?	5	5	5	5	5	5	5	5	25	25	5	5	5	25	15	15
Ist das Städtelogo auf der Seite zu sehen?	15	15	15	15	15	15	15	15	15	3	3	15	15	15	15	15
Existieren Links zu Behörden?	25	15	15	25	25	15	25	15	25	25	25	25	25	25	25	25
Gibt es einen Hinweis auf BITV?	5	5	5	25	5	5	5	5	5	25	5	25	5	5	5	5
Gibt es einen Hinweis auf den Fortschritt von BITV?	3	3	3	15	3	3	3	3	3	15	3	3	3	3	3	3
Wie hoch ist generell der informative Textanteil der Webseiten?	25	15	25	25	15	20	25	15	20	25	20	20	20	15	20	15
Summe	148	118	110	170	128	123	148	118	117	170	131	145	143	148	143	138

Tabelle 6-4: Punkte für die allgemeinen Bereiche

6.2.2 Bereich Stadt und Staat

Kriterium	Berlin	Bremen	Erfurt	Dresden	Düsseldorf	Hamburg	Hannover	Kiel	Magdeburg	Mainz	München	Potsdam	Saarbrücken	Schwerin	Stuttgart	Wiesbaden
Gibt es einen Bereich der öffentlichen Verwaltung?	30	30	30	30	30	30	30	30	30	30	30	30	30	30	30	30
Gibt es Informationen zur Bürgerschaft?	15	9	9	9	9	9	9	9	9	9	15	15	9	9	3	3
Sind Informationen zu Senat und Behördenvorhanden?	15	9	9	15	15	15	9	15	15	15	15	15	15	9	9	15
Gibt es Informationen zur Justizverwaltung?	9	3	9	15	9	3	9	9	3	15	3	3	3	3	3	3
Gibt es Informationen zur Stadtwachstum?	9	9	15	9	9	9	15	9	9	15	15	9	9	15	9	9
Gibt es Informationen zur geografischen Lage?	7	35	7	21	21	7	21	7	21	7	35	21	21	35	35	35
Sind Informationen zur Bevölkerungsdichte vorhanden?	25	25	15	15	15	15	25	15	15	25	25	25	15	25	25	25
Sind Informationen zur Wetterlage vorhanden?	2	2	2	10	10	10	10	10	10	10	10	10	10	6	10	6
Summe	**112**	**122**	**96**	**124**	**124**	**98**	**128**	**104**	**112**	**132**	**148**	**128**	**112**	**132**	**124**	**126**

Tabelle 6-5: Punkte für den Bereich Stadt und Staat

6.2.3 Bereich Wirtschaft und Arbeit

Kriterium	Berlin	Bremen	Erfurt	Dresden	Düsseldorf	Hamburg	Hannover	Kiel	Magdeburg	Mainz	München	Potsdam	Saarbrücken	Schwerin	Stuttgart	Wiesbaden
Sind Informationen über die Finanzlage der Stadt vorhanden?	20	20	20	20	20	12	20	12	20	20	20	20	12	12	4	12
Sind Informationen über die Finanzlage der Region vorhanden?	15	9	15	9	15	3	9	3	9	15	15	3	3	3	3	3
Sind aktuelle Themen der Wirtschaft erörtert?	9	15	9	15	9	15	9	15	9	15	15	9	15	15	9	15
Sind Informationen über Wirtschaftsförderung vorhanden?	9	15	15	9	15	9	9	9	15	15	15	9	15	15	15	15

Kriterium	Berlin	Bremen	Erfurt	Dresden	Düsseldorf	Hamburg	Hannover	Kiel	Magdeburg	Mainz	München	Potsdam	Saarbrücken	Schwerin	Stuttgart	Wiesbaden
Sind Informationen über wissenschaftliche Themen vorhanden?	20	12	12	12	12	12	20	12	12	20	20	20	12	12	12	12
Sind Informationen über Bildungsangebot vorhanden?	15	15	5	5	25	15	5	15	25	25	25	25	25	25	15	25
Sind aktuelle Informationen über den Arbeitsmarkt vorhanden?	15	15	15	15	25	15	15	15	15	25	25	5	5	5	5	15
Gibt es Informationen zum Stellenmarkt im städtischen Bereich?	5	15	5	15	15	5	15	5	15	25	25	5	15	15	5	15
Summe	**108**	**116**	**96**	**100**	**136**	**86**	**102**	**86**	**120**	**160**	**160**	**96**	**102**	**102**	**68**	**112**

Tabelle 6-6: Punkte für den Bereich Wirtschaft und Arbeit

6.2.4 Bereich Leben und Wohnen

Kriterium	Berlin	Bremen	Erfurt	Dresden	Düsseldorf	Hamburg	Hannover	Kiel	Magdeburg	Mainz	München	Potsdam	Saarbrücken	Schwerin	Stuttgart	Wiesbaden
Sind Informationen über Einkaufsbereiche und Infrastrukturen vorhanden?	18	30	18	18	30	30	18	18	18	30	30	30	6	18	18	30
Gibt es Informationen zu Immobilien und Wohnungsangeboten?	18	6	18	18	18	18	30	30	30	30	30	30	18	30	30	30
Gibt es Informationen zu Grundstücksangelegen-heiten?	18	18	30	18	18	18	18	30	30	18	30	30	18	30	30	30
Sind Informationen zu besonderen regionalen Vergünstigungen vorhanden?	12	4	4	4	12	4	4	12	12	4	20	12	4	12	4	12
Sind Informationen zu Friedhöfen und Gedenkstädten vorhanden?	12	4	4	12	4	4	4	4	12	20	4	4	20	12	4	12

Kriterium	Berlin	Bremen	Erfurt	Dresden	Düsseldorf	Hamburg	Hannover	Kiel	Magdeburg	Mainz	München	Potsdam	Saarbrücken	Schwerin	Stuttgart	Wiesbaden
Sind Informationen zu Stadtreinigung und städtischen Diensten vorhanden?	30	18	18	30	30	18	18	18	18	18	30	18	18	18	6	30
Summe	108	80	92	100	112	92	92	112	120	120	144	124	84	120	96	144

Tabelle 6-7: Punkte für den Bereich Leben und Wohnen

6.2.5 Bereich Kultur und Freizeit

Kriterium	Berlin	Bremen	Erfurt	Dresden	Düsseldorf	Hamburg	Hannover	Kiel	Magdeburg	Mainz	München	Potsdam	Saarbrücken	Schwerin	Stuttgart	Wiesbaden
Gibt es Informationen zu Kulturstätten?	20	12	20	20	20	20	20	20	20	20	20	20	20	20	20	20
Gibt es Informationen zu Kulturveranstaltungen?	20	12	12	12	20	12	12	20	20	20	20	20	20	20	20	20
Gibt es eine Übersicht der Restaurants?	20	4	12	20	12	20	12	12	20	20	20	20	4	12	12	12
Sind Informationen zu Freizeitangeboten vorhanden?	20	12	20	12	20	12	20	20	20	20	20	20	20	20	20	20
Gibt es Informationen zu regionalen Sportvereinen?	20	20	20	12	20	12	12	20	20	20	20	20	20	20	20	20
Sind Verzeichnisse von Hotels und Pensionen vorhanden?	20	20	12	12	12	20	20	12	20	20	20	20	20	12	20	20
Gibt es Informationen zu Parks und Erholungsgebieten?	20	12	12	20	20	12	20	12	20	20	20	20	12	20	20	12
Gibt es Informationen zu Parks und Erholungsgebieten?	20	20	20	20	12	12	20	12	20	4	20	20	12	12	4	20
Summe	160	112	128	128	136	120	136	128	160	144	160	160	128	136	136	144

Tabelle 6-8: Punkte für den Bereich Kultur und Freizeit

6.2.6 Bereich Tourismus

Kriterium	Berlin	Bremen	Erfurt	Dresden	Düsseldorf	Hamburg	Hannover	Kiel	Magdeburg	Mainz	München	Potsdam	Saarbrücken	Schwerin	Stuttgart	Wiesbaden
Gibt es eine separate Rubrik Tourismus?	25	25	25	25	25	25	25	25	5	25	25	25	25	25	25	25
Sind Informationen zum Tourismusverband vorhanden?	10	10	10	10	10	10	10	10	6	6	10	6	2	10	6	6
Gibt es Informationen zu Stadtrundfahrten?	10	6	6	10	10	6	10	6	6	2	10	10	2	10	10	10
Sind Informationen zu Städtetouren vorhanden?	10	6	6	6	6	10	10	6	10	10	10	10	2	2	6	10
Gibt es Informationen zu Informationspunkten in der Stadt?	15	15	15	15	15	9	9	9	3	3	9	3	3	3	3	3
Gibt es Informationen zu regionalen Flughäfen?	18	18	18	18	18	6	6	6	18	30	30	18	30	30	30	30
Sind Informationen zu regionalen Bahnhöfen geführt?	18	30	18	18	18	6	18	6	18	30	30	18	30	30	30	30
Sind Fahrpläne der öffentlichen Verkehrsmittel hinterlegt?	18	30	18	30	18	18	18	18	30	30	30	18	18	6	18	18
Summe	**124**	**140**	**116**	**132**	**116**	**90**	**106**	**86**	**96**	**136**	**154**	**108**	**112**	**116**	**128**	**132**

Tabelle 6-9: Punkte für den Bereich Tourismus

6.3 Bewertung der Ergonomie

6.3.1 Homogenität

Kriterium	Berlin	Bremen	Erfurt	Dresden	Düsseldorf	Hamburg	Hannover	Kiel	Magdeburg	Mainz	München	Potsdam	Saarbrücken	Schwerin	Stuttgart	Wiesbaden
Erfolgt der Seitenaufruf durchgehend in einem gleichen oder neuen Fenster?	35	35	35	35	35	35	35	35	35	35	35	35	35	35	35	35
Erfolgt der Seitenaufruf durchgehend in einem gleichen oder neuen Fenster?	35	35	35	35	35	35	35	35	7	35	35	35	35	35	7	35
Sind die Bereiche für Navigation und Darstellung des Inhalts auf allen Seiten einheitlich getrennt?	50	50	50	50	50	50	50	50	50	50	50	50	50	50	50	50
Sind die Navigationselemente generell an der gleichen Stelle positioniert?	50	50	50	50	50	50	50	50	50	50	50	50	50	50	50	50
Steht das Städtelogo generell an der gleichen Position?	30	30	30	30	30	30	30	30	30	6	6	30	30	30	30	30
Wird die Zusammengehörigkeit von Themenkomplexen auf allen Seiten einheitlich visualisiert?	50	30	50	30	50	50	30	30	10	40	40	10	50	40	30	50
Werden die Grafiken/Bilder durchgehend durch erklärende Hintergrundtexte beschrieben?	50	30	50	50	10	30	10	50	20	50	30	20	20	10	30	30
Werden auf allen Seiten die gleichen Navigationselemente angeboten?	50	50	50	50	50	50	50	50	10	10	10	10	50	50	10	50
Summe	**350**	**310**	**350**	**330**	**310**	**330**	**290**	**330**	**212**	**276**	**256**	**240**	**320**	**300**	**242**	**330**

Tabelle 6-10: Punkte für die Homogenität

6.3.2 Navigation

Kriterium	Berlin	Bremen	Erfurt	Dresden	Düsseldorf	Hamburg	Hannover	Kiel	Magdeburg	Mainz	München	Potsdam	Saarbrücken	Schwerin	Stuttgart	Wiesbaden
Bleibt der Navigationsbereich immer verfügbar und sichtbar?	50	50	50	50	50	50	50	50	10	50	50	50	50	50	50	50
Erfolgt eine Visualisierung der aktuellen Position des Benutzers im Angebot, z.B. durch eine Pfadangabe?	10	10	10	10	10	10	10	10	10	50	50	50	50	10	10	50
Gelangt der Nutzer durch einen Klick auf das dynamische Logo zurück auf die Startseite?	35	35	35	35	35	35	35	35	7	35	35	35	35	7	7	35
Ist das Städtelogo auf der Seite zu sehen?	20	20	20	20	20	20	4	20	20	4	4	20	20	20	20	20
Ist das Navigationselement "home" vorhanden?	7	35	35	7	35	35	7	35	35	35	35	7	35	7	7	35
Ist das Navigationselement "sitemap" vorhanden?	7	7	7	7	7	7	7	35	35	35	35	35	7	7	7	7
Ist ein Navigationselement "Suche" vorhanden?	35	35	35	35	35	35	35	35	35	35	35	35	35	35	35	35
Sind bestimmte Seiten, die zum selben Thema gehören, direkt ansteuerbar und mit Inhaltsangaben versehen?	24	24	24	24	24	24	24	24	24	24	24	24	24	24	24	40
Sind die Bereiche für Navigation und Darstellung des Inhalts getrennt?	35	21	35	21	35	21	35	35	35	35	35	35	35	35	35	35
Sind die Navigationselemente generell an der gleichen Stelle positioniert?	30	30	30	30	30	30	30	30	6	30	30	30	30	30	30	30
Sind die Navigationselemente selbsterklärend oder sind sie schwierig zu identifizieren?	45	45	45	45	45	45	45	45	27	45	45	45	45	45	45	45
Sind Links eindeutig als solche zu identifizieren z.B. durch einheitliche Farbgebung und Unterstreichung?	35	35	21	21	35	35	21	35	35	35	35	7	35	35	35	35
Sind Navigationselemente sowohl durch Texte wie auch durch Grafiken gekennzeichnet?	30	18	18	18	18	18	18	18	18	18	18	18	6	18	6	18
Werden unterschiedlich anspruchsvolle Darstellungsmodi angeboten?	35	35	7	35	35	35	35	35	35	7	7	35	7	7	7	7

Kriterium	Berlin	Bremen	Erfurt	Dresden	Düsseldorf	Hamburg	Hannover	Kiel	Magdeburg	Mainz	München	Potsdam	Saarbrücken	Schwerin	Stuttgart	Wiesbaden
Wie schwierig ist es, mit dem Mauszeiger die Links zu treffen?	50	50	50	50	50	50	50	50	30	50	50	50	50	50	30	50
Wird der Textkörper aufgewertet z.B. durch Sprungmarken oder Hyperlinks?	18	18	18	18	18	18	18	18	18	30	30	18	18	6	6	18
Wird die Zusammengehörigkeit von Themenkomplexen visualisiert z.B. durch Farbcodierung?	21	7	7	21	21	21	7	21	21	35	35	7	21	21	7	35
Wird eine »guided tour« angeboten?	5	5	5	5	5	5	5	5	5	5	5	5	5	5	5	5
Summe	**492**	**480**	**452**	**452**	**508**	**494**	**436**	**536**	**406**	**558**	**558**	**506**	**508**	**412**	**366**	**578**

Tabelle 6-11: Punkte für die Navigation

7. Auswertung der Ergebnisse

Bei der Auswertung der Ergebnisse ist zu beachten, dass durch die Punktevergabe von 1-5 Punkten und der Gewichtung eine Stadt selbst bei niedrigster Bewertung 600 von 3000 Gesamtpunkten erreicht. Für prozentuale Bewertungen muss deshalb folgende Formel angewendet werden:

(Erreichte Punkte – Mindestpunkte) / (Maximalpunkte – Mindestpunkte) * 100

7.1 Ergebnisse der Bewertung der Benutzerfreundlichkeit

In dem Bereich *Suche und Aufbau der Webseite* haben fast alle Städte eine durchschnittliche Punktzahl von 257 von maximal 300 erreicht. Lediglich Hamburg, Hannover, Kiel und München haben bei der Bewertung wegen der vielen eingebundenen Grafiken schlechter abgeschnitten. Die meisten Punkte hat Bremen mit ladezeit-optimierten Webseiten erreicht.

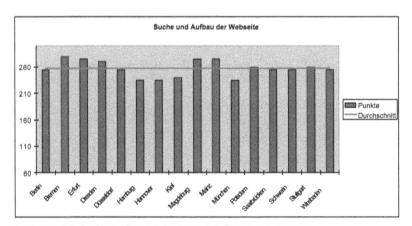

Abbildung 7-1: Punkte im Bereich Suche und Aufbau der Webseiten

Anders sieht es in dem Bereich *Gestaltung der Webseite* aus. Hier schwankt das Ergebnis zwischen 148 und 284 von maximal 300 Punkten. Kiel, Bremen und Dresden haben vor allem wegen schlechtem Kontrast, falscher Farbwahl und unleserlicher Schrift Punkte verloren.

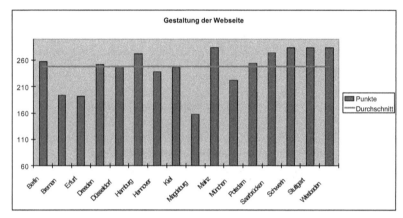

Abbildung 7-2: Punkte im Bereich Gestaltung der Webseiten

Die angebotenen *Interaktivitätsmöglichkeiten der Webseiten* variieren sehr stark von Stadt zu Stadt. Vor allem Saarbrücken und Stuttgart schneiden wegen fehlender Kontaktmöglichkeiten per Email und nicht vorhandener Downloads schlechter ab.

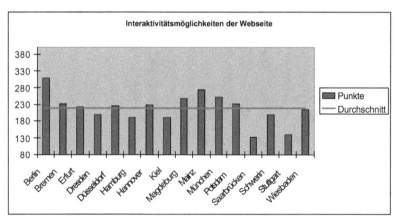

Abbildung 7-3: Punkte im Bereich Interaktivitätsmöglichkeiten

Vergleicht man wiederum das Gesamtergebnis des Bereichs *Benutzerfreundlichkeit*, dann sind fast alle Städte gleichauf. Berlin und Mainz fallen positiv auf. Allerdings erreichen alle Städte nur durchschnittlich 65,23 % der möglichen Punkte. Es ist also generell noch Handlungsbedarf vorhanden. Hauptaugenmerk sollte hierbei auf die Interaktivitätsmöglichkeiten gelegt werden.

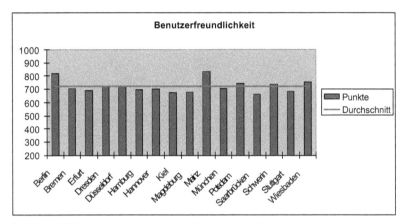

Abbildung 7-4: Punkte im Gesamtbereich Benutzerfreundlichkeit

Die folgende Tabelle zeigt die ereichten Punkte und den prozentualen Anteil von den möglichen Gesamtpunkten (ohne Mindestpunkte).

	Punkte	Prozent
Berlin	821	77,63%
Bremen	706	63,25%
Erfurt	689	61,13%
Dresden	722	65,25%
Düsseldorf	729	66,13%
Hamburg	697	62,13%
Hannover	701	62,63%
Kiel	676	59,50%
Magdeburg	681	60,13%
Mainz	833	79,13%
München	709	63,63%
Potsdam	746	68,25%
Saarbrücken	661	57,63%
Schwerin	739	67,38%
Stuttgart	684	60,50%
Wiesbaden	755	69,38%
Durchschnitt	**721**	**65,23%**

Tabelle 7-1: Punkte und prozentualer Anteil der möglichen Gesamtpunkte

7.2 Ergebnisse der Bewertung des Informationsgehaltes

Generell ist auffällig, dass nur drei Städte (Dresden, Mainz und Potsdam) Informationen über die BITV (Barrierefreie Informationstechnik-Verordnung) zur Verfügung stellen bzw. deren Anforderungen bereits ganz oder teilweise umgesetzt haben.

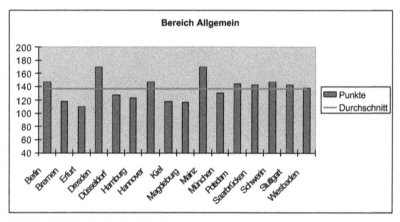

Abbildung 7-5: Punkte im Bereich Allgemein

Im Bereich Stadt und Staat fällt besonders die Stadt München auf, die viele Informationen über die städtische Verwaltung und ihrer Bevölkerung bietet.

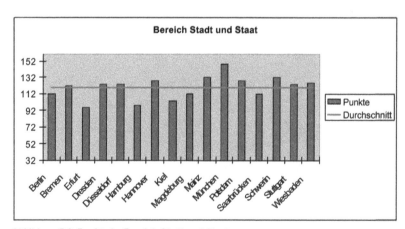

Abbildung 7-6: Punkte im Bereich Stadt und Staat

Ein weiterer Abschnitt in dem die Landeshauptstädte München und Mainz und, mit etwas Abstand, Düsseldorf, vorne liegen, ist der Bereich Wirtschaft und Arbeit. Hier werden besonders die Themen Arbeitsmarkt, Wirtschaftsförderung und Bildung in den Vordergrund gestellt.

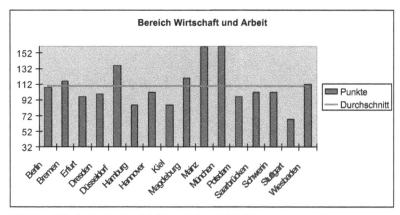

Abbildung 7-7: Punkte im Bereich Wirtschaft und Arbeit

Besonders in den Städten München und Wiesbaden werden den Bürgern viele Informationen zu Einkaufsmöglichkeiten, Grundstücksangelegenheiten und Wohnungsangeboten zur Verfügung gestellt. Städte wie z.B. Bremen und Saarbrücken haben in diesem Bereich enormen Nachholbedarf.

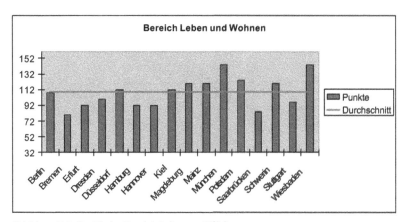

Abbildung 7-8: Punkte im Bereich Leben und Wohnen

Im Bereich *Kultur und Freizeit* schneiden wieder fast alle Landeshauptstädte gut ab. Besonders hervorzuheben sind hier Berlin, Magdeburg, München und Potsdam, die alle Bewertungskriterien voll erfüllen. Auf den Webseiten dieser Städte können sogar Tickets für diverse Veranstaltungen und / oder Hotelzimmer direkt gebucht werden.

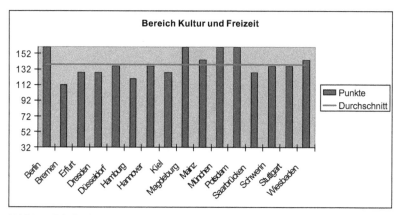

Abbildung 7-9: Punkte im Bereich Kultur und Freizeit

Der Tourismusbereich zeigt wieder stark schwankende Ergebnisse auf. Besonders negativ fallen hier Hamburg und Kiel auf, die wenig Informationen für Touristen bieten. Spitzenreiter ist wieder München. Hier gibt es viele Informationen zu Städtetouren, Stadtrundfahrten und zu den regionalen Verkehrmöglichkeiten.

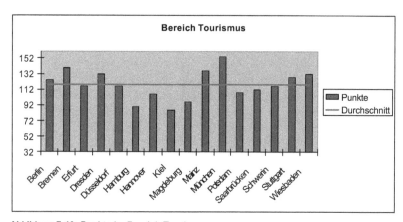

Abbildung 7-10: Punkte im Bereich Tourismus

Zusammenfassend ist für das Gesamtergebnis im Bereich Informationsgehalt zu erwähnen, dass die Hälfte der Landeshauptstädte viele Schwächen aufweist. Generell wurde nur ein niedriger durchschnittlicher Punktestand von 732 von maximal 1000 Punkten erreicht.

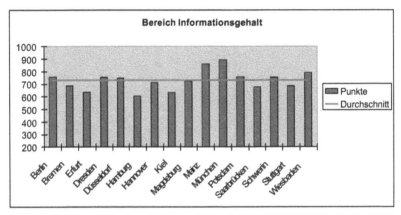

Abbildung 7-11: Punkte im Bereich Informationsgehalt

Die folgende Tabelle zeigt die ereichten Punkte und den prozentualen Anteil von den möglichen Gesamtpunkten (ohne Mindestpunkte).

	Punkte	Prozent
Berlin	760	70,00%
Bremen	688	61,00%
Erfurt	638	54,75%
Dresden	754	69,25%
Düsseldorf	752	69,00%
Hamburg	609	51,13%
Hannover	712	64,00%
Kiel	634	54,25%
Magdeburg	725	65,63%
Mainz	862	82,75%
München	897	87,13%
Potsdam	761	70,13%
Saarbrücken	681	60,13%
Schwerin	754	69,25%
Stuttgart	691	61,38%
Wiesbaden	796	74,50%
Durchschnitt	**732**	**66,52%**

Tabelle 7-2: Punkte und prozentualer Anteil der möglichen Gesamtpunkte

7.3 Ergebnisse der Bewertung der Ergonomie

In dem Bereich *Homogenität* schneiden mehr als die Hälfte der Städte äußerst positiv ab. Die Navigation ist deutlich vom Inhalt getrennt und durchgehend an der gleichen Stelle positioniert. Auch das Städtelogo ist immer vorhanden und bietet die Möglichkeit zur Startseite zurückzukehren. Städte wie Magdeburg oder Potsdam verlieren Punkte durch fehlende Texte bei Bildern und Grafiken und undeutliche Strukturierung.

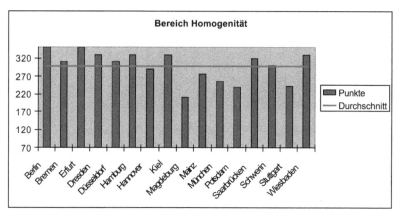

Abbildung 7-12: Punkte im Bereich Homogenität

Auch im Bereich *Navigation* ist das Ergebnis bis auf ein paar Ausnahmen positiv. Eine gute Navigation durch die Webseiten ist gewährleistet und der Besucher kann sich schnell und gut zurechtfinden. Die Hyperlinks sind farblich gut gekennzeichnet und einfach zu treffen.

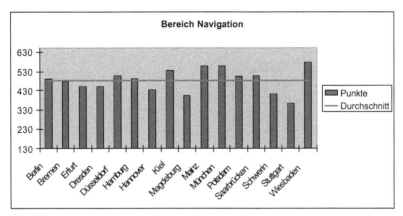

Abbildung 7-13: Punkte im Bereich Navigation

Die Gesamtübersicht zeigt, dass bis auf Magdeburg und Stuttgart alle Städte bei der Entwicklung ihrer Webseiten, aus ergonomischer Sicht, gute Ergebnisse erreicht haben.

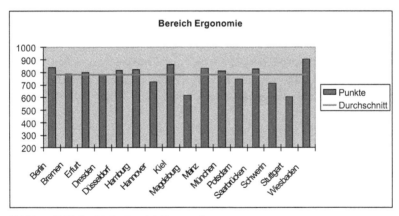

Abbildung 7-14: Punkte im Bereich Ergonomie

Die folgende Tabelle zeigt die ereichten Punkte und den prozentualen Anteil von den möglichen Gesamtpunkten (ohne Mindestpunkte).

	Punkte	Prozent
Berlin	842	80,25%
Bremen	790	73,75%
Erfurt	802	75,25%
Dresden	782	72,75%
Düsseldorf	818	77,25%
Hamburg	824	78,00%
Hannover	726	65,75%
Kiel	866	83,25%
Magdeburg	618	52,25%
Mainz	834	79,25%
München	814	76,75%
Potsdam	746	68,25%
Saarbrücken	828	78,50%
Schwerin	712	64,00%
Stuttgart	608	51,00%
Wiesbaden	908	88,50%
Durchschnitt	**782**	**72,80%**

Tabelle 7-3: Punkte und prozentualer Anteil der möglichen Gesamtpunkte

7.4 Gesamtergebnis

Trotz einiger Schwachstellen haben alle Webseiten der Landeshauptstädte gut abgeschnitten. Schlechtere Bereiche wurden durch stärkere ausgeglichen, so dass sich alle bei etwa 2100 von maximal 3000 Punkten eingependelt haben. Lediglich Magdeburg und Stuttgart liegen etwas weiter zurück.

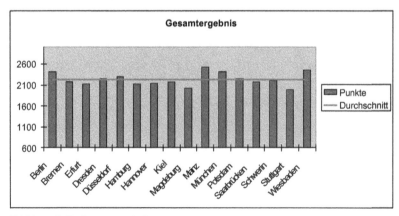

Abbildung 7-15: Gesamtergebnis

Es ist jedoch anzumerken, dass weiterhin Handlungsbedarf besteht, da nur durchschnittlich 68,18% der zu vergebenen Punkte erreicht wurden. Besonders der Bereich *Informationsgehalt* wirkt bei einigen Landeshauptstätten unvollständig bzw. schwach. Die meisten Punkte hat die Stadt Mainz erreicht, die durch ein ausgeglichenes Auftreten bestochen hat.

	Punkte	Prozent
Berlin	2423	75,96%
Bremen	2184	66,00%
Erfurt	2129	63,71%
Dresden	2258	69,08%
Düsseldorf	2299	70,79%
Hamburg	2130	63,75%
Hannover	2139	64,13%
Kiel	2176	65,67%
Magdeburg	2024	59,33%
Mainz	2529	80,38%
München	2420	75,83%
Potsdam	2253	68,88%
Saarbrücken	2170	65,42%
Schwerin	2205	66,88%
Stuttgart	1983	57,63%
Wiesbaden	2459	77,46%
Durchschnitt	**2236,3125**	**68,18%**

Tabelle 7-4: Punkte und prozentualer Anteil der möglichen Gesamtpunkte

8. Fazit

Im Zeitalter des Internet gilt es als Standard, dass öffentliche Einrichtungen einen Internetauftritt anbieten. Dies soll zu mehr Bürgernähe führen und die Öffentlichkeitsarbeit vereinfachen. Ein wichtiger Aspekt ist hierbei die Verlagerung der Verwaltungsdienstleistungen vom Papier zu elektronischen Angeboten.

Alle 16 Landeshauptstädte haben bei der Bewertung ihrer Webseiten durchschnittlich gut abgeschnitten. Dies zeigt, dass die öffentlichen Verwaltungen auf dem besten Weg sind ihr Ziel zu erreichen. Allerdings weisen einige Seiten Schwachstellen auf, die noch behoben werden sollten.

Literaturverzeichnis

n. a., http://www.bund.de/deutschlandOnline-.7651.htm, Stand 13.06.2004

n. a., http://www.wob11.de/gesetze/bitv.html#erklärung, Stand 05.06.2004

n. a., http://www.manager-magazin.de/static/methodik_webtest.pdf, Stand 15.04.2004